Renate Jegodtka / Peter Luitjens

Stine verstummt
Mobbing ist kein Kinderspiel

Mit Illustrationen von Renate Jegodtka

Vandenhoeck & Ruprecht

Ich heiße Stine.
Die anderen Kinder nennen mich Stine Stacheline.
Manchmal auch nur Stacheline.

Seht ihr meine Mama?
Sie ist so groß, dass sie fast bis zur Decke reicht.
Ich nenne sie Mama-Mia.
Papa sagt nur Mia oder Mia-meine-Liebe.

Mein Papa ist ganz anders.
Er ist klein und weich und kugelrund.
Zu ihm sage ich Papa-Paul.
Mama sagt Pauli.
Nur wenn sie sauer ist, sagt sie Paul – ohne i am Schluss.

Und beide sagen niemals Stine Stacheline.
Nie!

Wenn Mama-Mia gute Laune hat ruft sie:
„Stine, min Deernchen!"
Das klingt honigsüß und ich fange an zu tanzen.

Wenn Papa-Paul sieht, wie ich tanze,
lacht er.
Dann tanzen wir beide.

Aber heute habe ich keine Lust zu tanzen!
Ich will euch sagen warum:
Es ist schon wieder passiert.
Alle haben gelacht.
Über mich ...
Hugo hat gelacht, Mila hat gelacht.
Und ganz besonders Ida.
Alle Kinder haben gelacht.
Nur ich nicht.

Das Lachen wurde groß und größer.

Es hat gerauscht wie das wilde Meer.

Bis es schließlich den ganzen Raum ausgefüllt hat.

Ich fand kaum noch Platz darin.

Aber noch größer als das Lachen war das gemeine Wort:

Stinelein-Stachelschwein.

Es klingt immer noch in meinen Ohren:

Stachelschwein, Stachelschwein!

Am liebsten wäre ich verschwunden.

„Stine",

hörte ich Frau Fröhlich fragen,

„Stine, was ist los?"

Ich wollte es ihr nicht verraten.

Hinter Frau Fröhlich stand das gemeine Wort und lachte.

Es schlich hinter mir her.
Auf leisen Pfoten kam es mit mir nach Hause.

Nun ist es hier.

Und sitzt neben mir unterm Küchentisch.

Niemand kann es sehen,

Mama-Mia nicht und Papa-Paul nicht

... nur ich.

Es grinst mich an.

Mein Bauch beginnt zu zwicken.

„*Was ist mit dir?*", fragt Papa-Paul.

Das kleine Stachelschwein richtet seine Stacheln auf.

Ich fange an zu weinen.

Und sage: „*Nichts.*"

Aber es ist nicht nichts.

Wo ich auch hingehe,
das kleine Stachelschwein kommt mit.

Es schleicht sich sogar in meinen Traum hinein!
Gerade zu der Zeit,
in der die Nacht am dunkelsten ist,
ist etwas geschehen.

Neben mir sitzt etwas und starrt mich an.
Mein Herz klopft laut.
Ich bibber und ich schwitze.

Ich will zu Mama-Mia und Papa-Paul.
Aber die schlafen tief und fest.
Mama-Mia schnarcht sogar ein wenig.

Oh Schreck!

Jetzt muss ich auch noch Pipi.

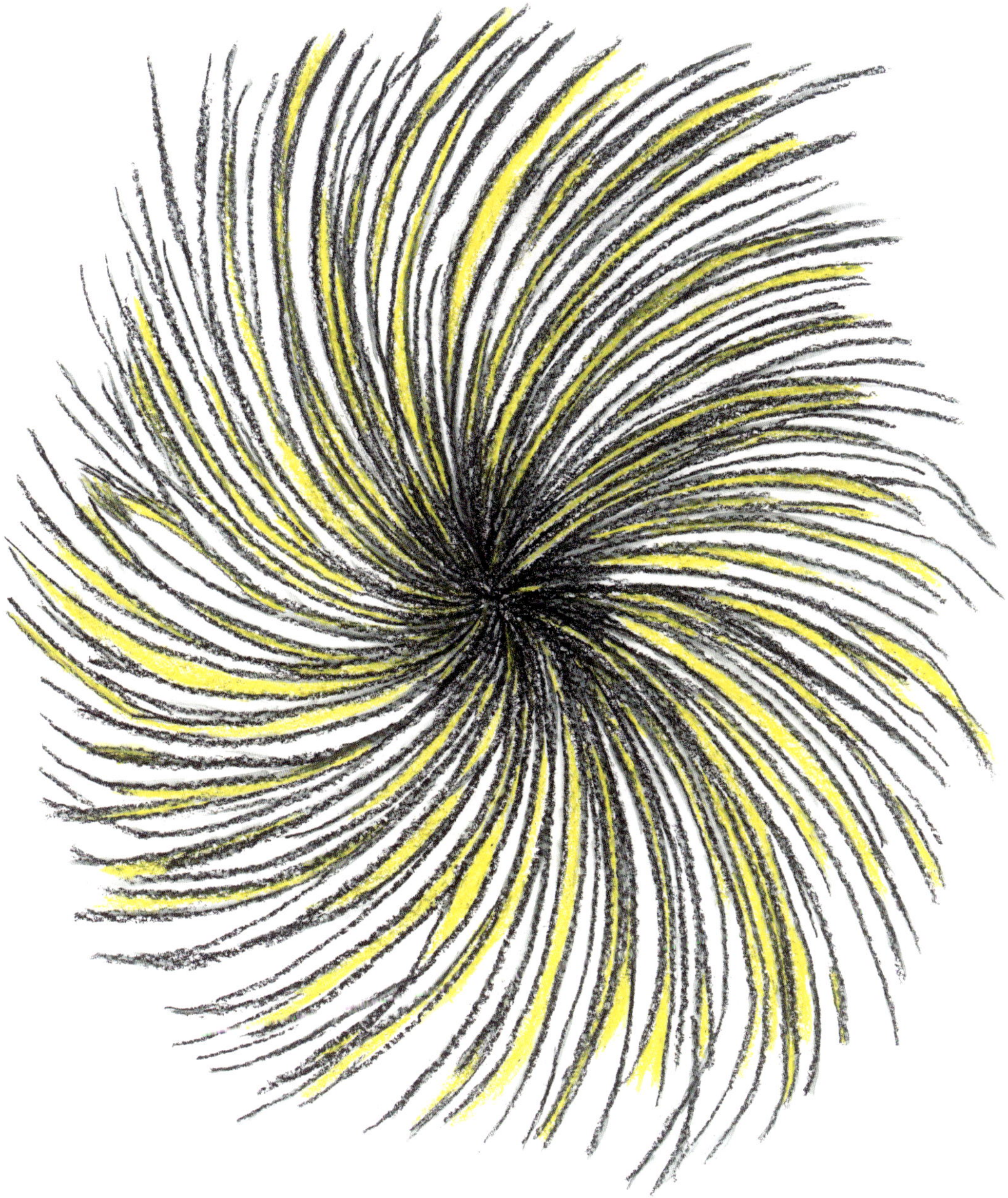

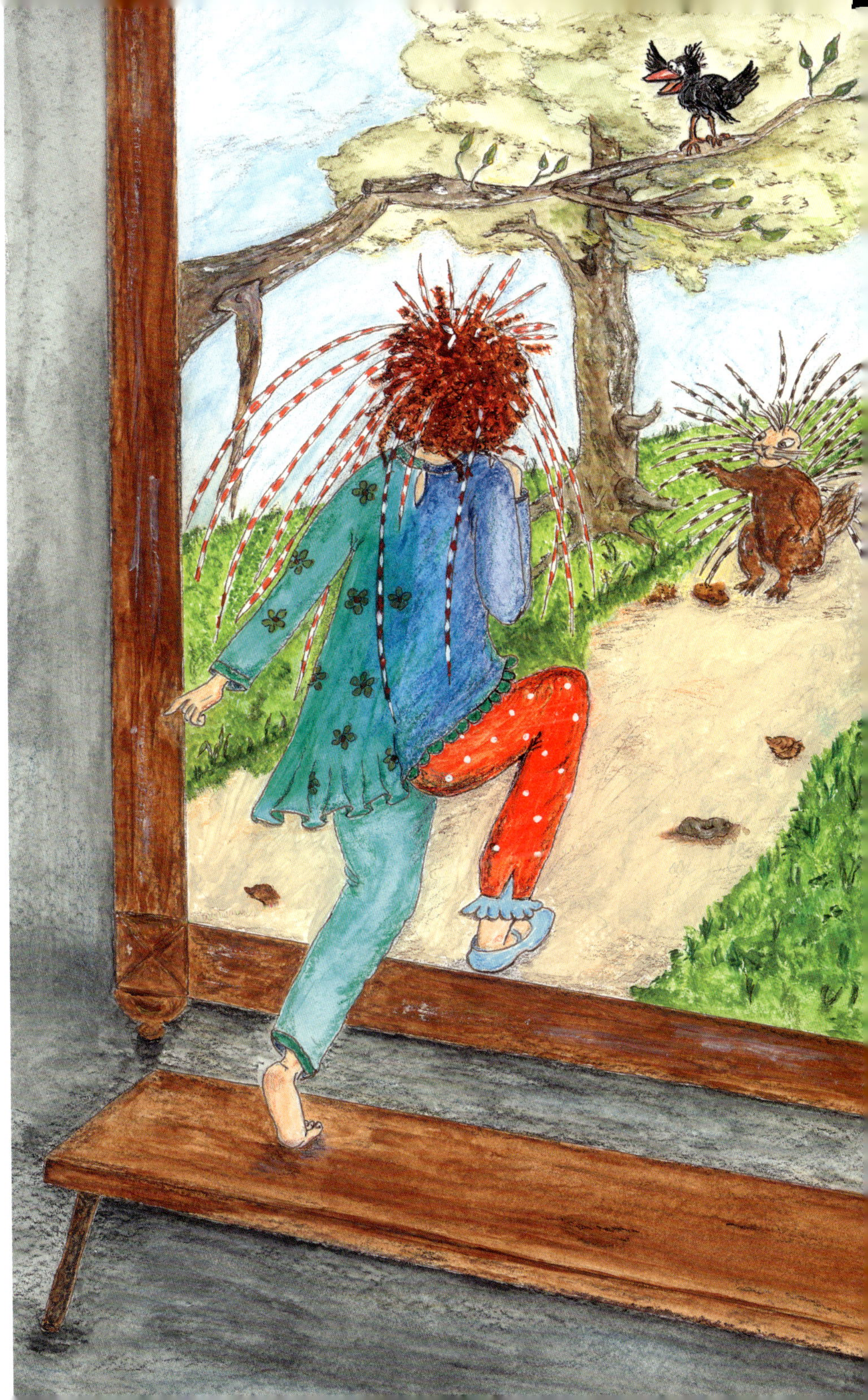

„Nanu, wo bin ich?", frage ich mich.

„Gleich sind wir da!",
flüstert das kleine Stachelschwein.
„Dort hinten, gleich hinter dem Dämmergrau
Da warten alle schon auf uns."

Und wirklich!
Aus dem Dahinten tauchen sie auf:
große Stachelschweine mit mächtigen Stacheln
und kleinere, die springen aufgeregt hin und her.

„*Stine, da bist du ja*",
ruft das größte der großen Stachelschweine.
„*Wir haben es gehört,
alle haben gelacht.
Über dich.
Und du warst ganz allein.
Und so klein.*"

Da passiert es.
Ich werde klein.
Genau so klein
wie das kleine Stachelschwein.

Das große lacht und reicht mir seine Tatze.

„Komm her", sagt es.

„Komm, und tanz mit uns den Stachelrasseltanz."

Schon geht es los.
Wir stampfen und wir lachen.
Wir rasseln mit den Stacheln.
Wir tanzen hin und hüpfen her.
Wir tanzen gemeinsam.
Das ist nicht schwer!
Viele Tiere sind gekommen
von nah und von fern.
Sie trommeln und sie klatschen.
Sie singen ein Lied.
Sie tanzen hin und hüpfen her.
Wir tanzen gemeinsam.
Das ist nicht schwer!

Nur einer, der tanzt nicht mit.
Es ist ein seltsamer Vogel.
Er steht da auf einem Bein,
zwischen Dämmergrau und blauem Gebüsch,
und schaut in ein Buch hinein.

„Wer ist das?",
frage ich das kleine Stachelschwein.
„Das ist der Marabu, der Weise.
Der liest dir heute etwas vor."
Ich höre ihn lesen:

Es war einmal ein kleiner weißer Vogel.
Jakob hieß er.
Alle seine Geschwister waren grau.
Sie lachten über Jakob,
ließen ihn nicht mitfliegen
und nannten ihn Kohlweißling.
„Du gehörst nicht zu uns", zwitscherten sie lauthals und
stießen ihn geradewegs aus ihrem Nest.
Jakob saß traurig und allein auf einem Ast.
In dieser Nacht jedoch,
gerade als der Mond hinter einer Wolke hervorlugte,
kam Eulalia, die alte Schneeeule geflogen.
Sie nahm Platz neben ihm und stupste ihn vorsichtig an.
„Schuu-huuu" sang sie in sein Ohr, „Schuu-huuu.
Was ist kleiner weißer Vogel? Was ist?"
Jakob aber schwieg.
Da zupfte Eulalia aus ihrem Federkleid
eine federleichte weiße Feder.
Die schenkte sie Jakob.
„Hier", sagte sie, „greifst du diese Feder,
gibt sie dir Mut, den Großen zu sagen, was ist."
Und der kleine weiße Vogel begann der alten Schneeeule zu erzählen, was ihm geschah.

Der Marabu blickt zum kleinen Stachelschwein.

Und dann zu mir.

Er zupft aus seinem Federkleid eine federleichte weiße Feder.

Die schenkt er mir.

Dann klappt er sein Buch zu und schweigt.

„Soll ich es wagen?
Soll ich es sagen?",
frage ich das kleine Stachelschwein.
Das nickt.
Und müde vom Tanz schlafen wir ein.

Heute will ich es wagen.
Jetzt will ich es sagen!

Zuerst Mama-Mia und Papa-Paul.

Leise, ganz leise erzähle ich, wie alles kam:
Wie die Kinder gelacht haben
über mich, immer wieder!

Wie das Lachen groß und größer wurde.
Und ich ganz klein und so allein.
Und dann,
ja dann erzähle ich von dem gemeinen Wort.

Ich habe es gewagt.

Ich habe es gesagt.

Und jetzt Frau Fröhlich.

Ich erzähle ihr, wie alles kam:
Wie die Kinder gelacht haben
über mich, immer wieder!
Wie das Lachen groß und größer wurde.
Und ich ganz klein und so allein.
      Und dann,
      ja dann erzähle ich von dem gemeinen Wort:
      Stinelein-Stachelschwein.

      Aber nun ist alles anders!
      Ich weiß es ganz genau!
      Ich kann mit den Stacheln rasseln,
      wenn mir wer zu nahe kommt.
      Und stellt euch vor!
      Ich kann auch singen, tanzen, lachen,
      mit anderen was gemeinsam machen.
      Der Stachelrasseltanz tut gut.
      Die Feder gibt mir Mut.

„Stine", sagt Frau Fröhlich,
„dann wäre ich auch gern mal ein Stachelschwein.
Ich könnte mit den Stacheln rasseln,
wenn mir wer zu nahe kommt.
Ich könnte singen, tanzen, lachen,
mit anderen was gemeinsam machen.
Stine, zeigst du uns allen den Stachelrasseltanz?"

Und schon geht es los.
Wir trommeln und wir rasseln.
Wir singen ein Lied.
Wir tanzen hin und hüpfen her.
Wir alle gemeinsam,
das ist nicht schwer!

Bibliografische Information der Deutschen Nationalbibliothek:
Die Deutsche Nationalbibliothek verzeichnet diese Publikation in der Deutschen Nationalbibliografie;
detaillierte bibliografische Daten sind im Internet über https://dnb.de abrufbar.

© 2022 Vandenhoeck & Ruprecht, Theaterstraße 13, D-37073 Göttingen, ein Imprint der Brill-Gruppe
(Koninklijke Brill NV, Leiden, Niederlande; Brill USA Inc., Boston MA, USA; Brill Asia Pte Ltd, Singapore;
Brill Deutschland GmbH, Paderborn, Deutschland; Brill Österreich GmbH, Wien, Österreich)
Koninklijke Brill NV umfasst die Imprints Brill, Brill Nijhoff, Brill Hotei, Brill Schöningh, Brill Fink,
Brill mentis, Vandenhoeck & Ruprecht, Böhlau, V&R unipress.

Alle Rechte vorbehalten. Das Werk und seine Teile sind urheberrechtlich geschützt.
Jede Verwertung in anderen als den gesetzlich zugelassenen Fällen bedarf der vorherigen
schriftlichen Einwilligung des Verlages.

Umschlagabbildung: Renate Jegodtka

Satz und Layout: SchwabScantechnik, Göttingen
Druck und Bindung: Schleunungdruck, Marktheidenfeld
Printed in the EU

Vandenhoeck & Ruprecht Verlage | www.vandenhoeck-ruprecht-verlage.com

ISBN 978-3-525-40548-2